PÉTITION

A MESSIEURS LES MEMBRES

DE LA CHAMBRE DES DÉPUTÉS,

DES DÉPARTEMENS,

Sur le Projet de Loi relatif

A L'INDEMNITÉ A ALLOUER AUX ÉMIGRÉS.

ESSIEURS,

JE viens vous prier d'examiner s'il ne serait pas nécessaire de proposer, par amendement au projet de loi, des dispositions qui porteraient en substance :

1°. *Que nul ne sera admis à critiquer, sous aucun prétexte, soit vis-à-vis de l'Etat, soit vis-à-vis des tiers* (I)*, les liquidations et paiemens faits par le Trésor pour le compte de ceux qui sont*

A

(1825.)

appelés à recevoir des indemnités ; que toutes recherches et actions à cet égard sont interdites ;

2°. Qu'au surplus, toutes les autres dispositions de l'art. 1ᵉʳ. de la loi du 5 décembre 1814, sont pareillement applicables à l'exercice des droits ouverts par la présente loi (I);

3°. Que toutes actions contre les actes ou jugemens dont parle cet article 1ᵉʳ. de la loi de décembre 1814, pour cause d'erreur, vices de formes ou nullités, sont spécialement interdites (I).

Les motifs que je vais avoir l'honneur de vous présenter, seront plus particulièrement relatifs au premier de ces amendemens. Le temps me manque pour traiter avec le soin convenable les deux autres, qui ne seront justifiés ici ou dans les Notes, que par quelques considérations générales, communes à tous les trois; mais vos lumières et votre expérience, Messieurs, suppléeront bien mieux que je ne pourrais le faire à cette discussion trop imparfaite.

Les dispositions des articles 9 et 12 du projet vont remettre au jour les résultats de toutes les liquidations faites en vertu des lois sur les émigrés, condamnés, déportés, etc.... Les indemnisés qui doivent en subir la déduction, sur le produit de la vente de leurs biens, sont appelés (art. 12) à présenter leurs observations sur ces déductions; de là naîtra à leurs yeux la question de savoir s'ils peuvent critiquer celles de ces liquidations qui leur paraîtront, ou mal fondées, ou inexactes, ou irrégulières. Ils y ont un intérêt évident; et l'intérêt qui découle d'un droit concédé par la loi, comporte implicitement le pouvoir d'agir pour user de ce droit (II), à moins d'une exception positive ; cette exception n'est point exprimée dans la loi projetée; il n'en est même pas parlé dans le discours de présentation du ministère.

Je vais donc raisonner dans la supposition de l'exercice de ce genre d'action; j'essayerai d'en indiquer les conséquences et l'injustice.

L'indemnisé attaquera les liquidations pour diverses causes; Pour les unes, dira-t-il, il n'était rien dû; pour d'autres, elles n'étaient dues qu'en partie ; pour d'autres, les pièces fournies sont irrégulières : il prétendra que ces diverses causes de critiques sont du fait, ou du créancier, ou du liquidateur, et qu'il peut s'en prendre aussi bien à l'Etat qu'au créancier ; d'autres fois, l'erreur n'aura pu être reprochable qu'à ce dernier, parce qu'elle résultera de pièces qui étaient restées entre les mains de l'émigré, et dont l'administration ignorait l'existence (III).

Qui sera juge de ces débats, ou de l'administration, ou des tribunaux?....

Quoi qu'il en soit, des milliers d'indemnisés attaqueront des milliers de créanciers liquidés; car il n'est peut-être pas une liquidation tellement exacte, tellement régulière, qui ne soit susceptible d'être critiquée (*Voir* note V, n°. 3), et le nombre des créances liquidées est immense. Combien celui des personnes qui y sont actuellement intéressées ne s'est-il pas accru depuis vingt-cinq ans par le décès de beaucoup de titulaires de ces créances, représentés par des héritiers, des créanciers, des ayans-cause? Il s'élève aujourd'hui à plusieurs millions (IV).

La chicane, les passions, les résistances, l'espérance d'un temps ou d'une législation plus propices à l'un ou l'autre adversaire, sauront prolonger cette lutte qui exercera nécessairement une influence fâcheuse sur la conduite et les affections politiques des citoyens ; la concorde publique fera des pas rétrogrades, et ce frottement dont a parlé M. de Martignac, *qui entretient et ranime les plaies*, produira tout son effet (V). Beaucoup de familles seront dans l'inquiétude, les fortunes les plus liquides seront embarrassées par ces sortes de réclamations ; l'impossibilité d'en connaître promptement l'issue ou l'importance retardera, gênera les établissemens, les mariages, le développement de l'industrie des familles qui en seront atteintes ou menacées.

Si on examine le point d'équité, celui de justice politique et la possibilité, ou, pour parler plus exactement, l'impossibilité du mode d'exécution, il y a lieu de peser les considérations suivantes :

La plupart des liquidations ont été faites dans un temps où les rentes étaient sans valeur; presque toutes ces rentes ont été vendues à cette époque, soit parce que le Gouvernement d'alors n'inspirait aucune confiance, soit par suite des besoins, de la gêne qu'éprouvaient les familles, dans ces temps de calamité; c'est ainsi qu'une liquidation de 120,000 fr. a pu ne produire que 4 ou 5,000 fr. L'opération se faisait de cette manière : 120,000 fr. donnaient 6,000 fr. de rente; on réduisait au tiers, qui donnait 2,000 fr., et la vente s'en faisait à 7, 8, 10 pour 100, si le recours de l'émigré était admis contre une semblable liquidation. Serait-il juste de lui allouer le capital originaire de 120,000 fr. ? Pourrait-il exiger des intérêts? Pendant combien d'années? (Ces intérêts égaleraient ou surpasseraient le capital). Ou dirait-on au créancier liquidé de justifier de la négociation de ces fonds ? L'admettrait-on à ne payer que le produit de cette négociation, avec ou sans intérêts ? Quels délais lui accordera t on ?

Que de questions, que de pièces à fournir ! je ne crois pas avoir exagéré lorsque j'ai dit que les liquidations les plus exactes, les mieux établies, seront susceptibles de donner lieu à des difficultés, parce que leur exactitude ne peut être prouvée que par l'ensemble de toutes les pièces qui composent les dossiers, tant dans les administrations de Paris, que dans celles des départemens où l'objet de la réclamation prenait sa source; ces dossiers ne sont point à la disposition des créanciers liquidés ; en supposant qu'on les leur communiquât, ils sont très-volumineux, et il sera très-difficile de s'en procurer en temps utile des expéditions (tous les expéditionnaires de France n'y suffiraient pas); ces archives ne sont pas tenues dans la forme régulière et conservatoire des archives d'un greffe de tribunal ou d'un notaire ; très-souvent les minutes des décisions ne sont pas signées ; dans la tenue des archives administratives, sur-tout pendant les premiers temps de la révolution, on a eu plutôt en vue l'ordre intérieur de l'administration, que la conservation des pièces pour les particuliers, parce que l'administration n'a jamais supposé que des tiers interviendraient un jour pour contrôler ses opérations; au contraire elle supposait qu'une liquidation une fois faite, une inscription de rente une fois admise, il n'y avait plus pour le public de droit ni d'intérêt d'y revenir, avec d'autant plus de raison, que les lois ont fixé un terme, passé lequel toutes réclamations étaient interdites, terme expiré depuis long-temps ; les chefs des administrations n'ont donc pas aperçu de motifs pour conserver perpétuellement intacts les anciens dossiers dans l'intérêt du public ni même dans l'intérêt de leurs comptabilités, après que ces comptabilités ont été apurées ; le temps, la négligence, le peu de nécessité, ou la mauvaise foi dans ces anciennes administrations de la révolution, qui ont subi de si fréquens bouleversemens, sont autant de causes qui doivent faire supposer que des pièces seront perdues ou égarées. Qui ne sait pas, d'ailleurs, que d'énormes masses de liasses ont été brûlées ou vendues ? On n'en trouverait pas même des traces suffisantes dans les répertoires tenus fort irrégulièrement ; et que l'on songe, après cela, que l'absence d'une seule pièce peut faire perdre les procès !..... Que l'on songe qu'il n'en est pas resté une seule entre les mains du créancier qui a dû les fournir toutes à l'appui de sa demande. (V. n°s. 2 et 3.)

D'une autre part, on doit aussi considérer que les lois ne doivent point avoir d'effet rétroactif vis-à-vis les tiers.

Or, n'est-il pas vrai que, jusqu'à présent, l'Emigré n'avait nullement à souffrir des liquidations obtenues par ses créanciers ; au contraire, ces liquidations le libéraient ; il n'avait ni intérêt, ni droit de critiquer les paiemens faits, à cette occasion, par le Trésor. Aujourd'hui la position change de face ; le montant nominal des liquidations sera déduit sur l'indemnité ; l'Emigré acquiert, à cause de cela, l'intérêt d'examiner si les causes de la liquidation étaient fondées ; mais, comme il est constant qu'avant la loi proposée, il ne pouvait prendre à partie, ni le Trésor, ni le créancier liquidé, il est évident également que s'il est admis à le faire en conséquence de cette loi, il y aura effet rétroactif, surtout vis-à-vis le créancier qui devait, pour toujours, rester à l'abri de ce combat, corps à corps, avec l'Emigré. (VI).

Tous ces inconvéniens peuvent être évités, en rassurant les tiers par quelques additions au projet de 'a loi ; il n'y aura rien là que de conforme à l'esprit de cette loi, puisque les organes du Gou-

.vernement ont dit et répété, et le rediront souvent pendant les discussions, qu'en même temps qu'elle était *un acte réparateur, elle était destinée à faire disparaître, pour jamais, la funeste trace des confiscations et à affermir l'union et la paix, sources premières des prospérités d'un Etat ;* qu'elle avait pour but, enfin, une *réconciliation générale.* Certes, ce ne seront pas des paroles vaines ; le Gouvernement légitime est essentiellement un Gouvernement de bonne foi, sur-tout avec nos Bourbons !....

Que si on répondait que les termes du projet de loi suffisent pour rassurer les droits acquis, parce qu'ils n'expriment aucune dérogation aux lois antérieures qui ont maintenu ces droits ; je dirais qu'il faut craindre les interprétations (VII). Je donnerais pour exemple ce qui s'est passé dans la discussion du 8 de ce mois, sur la pétition du sieur Pascal Lamarre, où des hommes de talent et de savoir étaient loin de voir de même ; on ne peut trop éviter de laisser des questions à débattre, sur-tout en matière de transactions politiques ; et la loi projetée a ce caractère, comme la Charte dont on ne doit jamais perdre de vue les intentions et la sagesse. N'est-il pas, d'ailleurs, de principe élémentaire, que dans toute transaction, le but est de mettre fin à toutes difficultés, de chercher à les prévenir en les résolvant ; et que toute autre manière de procéder est au moins de l'imprévoyance ; qu'une transaction mal faite est une source de débats, de mécontentemens, d'autant plus vifs, qu'on a fait des sacrifices pour les éviter, et qu'on se croit trompé. (*Voir* la note I, n°. 2). Il ne faut pas donner même l'apparence de raison à ceux qui semblent craindre que la loi projetée soit adoptée et exécutée dans un esprit de récrimination ; il faut qu'il soit prouvé à tous que l'on veut franchement, fermement, avec notre bien-aimé Monarque, que ce soit une loi de sécurité, de paix, d'union, de prospérité ; que c'est à tort que l'on se déférait de la noblesse française qui, dit-on, sera juge et partie ; que cette noblesse s'est toujours rendue digne de son titre, par son désintéressement et la générosité de son caractère, et que sous ce rapport, tous les honorables membres de notre Chambre des communes sont nobles, ou par leurs noms, ou par leurs actions, préférant, en bons et loyaux Députés, l'intérêt public à leur intérêt personnel ou à celui de leurs affections privées.

Je terminerai en remarquant que je ne demande que ce qui s'est fait dans les actes du Gouvernement, postérieurs à la Charte ; son art. 68 maintenait l'effet du sénatus-consulte de floréal an 10. (*Voir* note I, n°. 3). Ainsi les droits des tiers étaient mis à l'abri de toute atteinte ; le caractère de la Charte ne permettait pas de supposer, dans les lois postérieures, une dérogation à une disposition aussi importante si cette dérogation n'était pas exprimée ; les termes de l'ordonnance d'août et de la loi de décembre 1814, lors même qu'ils n'eussent pas contenu des réserves en faveur des tiers, n'auraient nullement causé de craintes fondées à ce sujet ; cependant les réserves y sont énoncées avec le plus grand soin. Maintenant que ce précédent existe, le silence sur les tiers aurait de l'inconvénient, un inconvénient plus grave que s'il n'en avait pas été parlé dans les lois citées ; il fournirait un argument à leurs antagonistes ; et comme il est certain que l'intention du Gouvernement n'est pas de troubler les tiers, je persiste à penser qu'il y a nécessité et convenance de s'exprimer comme on l'a fait en 1814, d'abord, parce qu'on l'a fait alors, ensuite par les mêmes motifs que ceux qui ont porté à le faire. Si on disait qu'on ne s'est déterminé, à cette époque, à parler des tiers, quoique suffisamment garantis par la Charte, que pour les rassurer sur la ferme intention où était le Gouvernement, de ne pas s'éloigner des principes

conservateurs

conservateurs qu'elle consacre, je répondrais que cette assurance est aussi utile à donner aujourd'hui qu'en 1814, et que la refuser, pourrait produire un effet contraire.

J'ai l'honneur d'être, avec un profond respect,

MESSIEURS,

Votre très-humble
et très-obéissant serviteur,

A. BINAY,

Paris, le 20 Janvier 1825.

NOTES.

(I). 1. Ces expressions : *Vis-à-vis de l'Etat et vis-à-vis des tiers*, sont employées dans l'article de la loi du 5 décembre 1814 ; elles s'entendent spécialement du recours relatif aux biens vendus. L'objet spécial de cette loi étant la remise des biens non-vendus : je conçois que l'on peut prétendre que cet article comporte plus d'extension ; qu'il est placé là comme principe général, applicable même aux lois futures qui n'y dérogeraient pas textuellement. Mais raisonner ainsi par interprétation, c'est entrer dans le domaine de la controverse sur des vues politiques bien variables ; selon les temps et les hommes.

2. On peut voir dans le *Répertoire de Jurisprudence* de M. Merlin, dans ses *Questions de Droit* et dans les Recueils d'arrêts avant ou depuis la loi du 1ᵉʳ. décembre 1814, combien de questions se sont élevées sur ces matières devant les tribunaux et au Conseil d'Etat: le temps n'est-il pas arrivé d'y mettre un terme? La nouvelle loi, cette loi de transaction définitive, ne doit-elle pas en être l'occasion? Si on considère ce que je demande comme une disposition nouvelle et toute de faveur, est-ce une raison pour refuser de l'admettre? N'est-il pas (comme je le dis quelque part dans la Pétition) de l'essence des transactions franches et loyales de mettre fin à tous procès, de renoncer même aux nullités (art. 2054 du Code civil); mais, d'après cet article du Code, il faut que ce mot *nullité* soit écrit, pour que les parties qui transigent ne puissent en exciper. (*Voir*, dans le Code civil, le titre *des Transactions*, art. 2044 et suivans.) On ne peut prendre trop de précautions ; une foule de proxénètes s'apprête à tourmenter les familles, tout le monde s'y attend et s'en inquiète; deux avocats au Conseil l'ont tellement senti, qu'ils annoncent pour paraître *après la nouvelle loi*, un Recueil, en 2 deux volumes *in-8°.*, des Lois et Arrêts sur les matières d'Emigration. Ces recueils étaient presque oubliés depuis vingt ans; on va les réimprimer *tout vifs*. Cette spéculation n'est entreprise par deux hommes instruits, que parce qu'ils sont persuadés que l'espérance d'union et de paix donnée comme principal motif de la loi, ne se réalisera pas; il faut faire en sorte qu'ils se soient trompés, et que de pareils recueils rentrent dans l'oubli.

3. J'ai parlé de l'art. 1ᵉʳ. de la loi du 5 décembre 1814, sans en rapporter le texte ; je demande la permission de le faire encore

précéder de quelques développemens. La forme de simples Notes que j'emploie ici, pourra faire excuser des redites, qu'il faut attribuer aux craintes dont je suis affecté, et que je n'éprouve pas seul :

La législation sur l'émigration a eu pour objet de mettre l'Etat au lieu et place de nos concitoyens proscrits ; tous leurs droits actifs ou passifs ont appartenu à l'Etat ; il en est résulté des ventes, des partages, des transactions, des liquidations sans nombre. Une foule d'individus, bien étrangers à ce système de terreur, et parmi lesquels sont beaucoup de parens de ces mêmes proscrits, ont acquis des droits ; les décès et les transactions particulières ont encore multiplié et divisé à l'infini ces droits acquis ; le royaume en est *saturé* ; le Roi, dans sa sagesse, a cru devoir rassurer tous ces droits par les articles 9 et 68 de la Charte, en conservant tout son effet à l'article 16 du sénatus-consulte du 6 floréal an 10, qui porte :

« Les amnistiés ne pourront, en aucun cas, et sous aucun prétexte,
» attaquer les partages de présuccession, succession et autres actes et
» arrangemens faits entre le Gouvernement et les particuliers avant
» l'amnistie. » Or, l'obéissance à la Charte a été jurée librement par tous les pouvoirs constitués ; et tant que durera le règne de la fidélité, un serment restera inviolable ; tel est le véritable point de vue qui doit dominer l'examen de toute loi nouvelle qui, par dérogation aux loix de la révolution, rétablit au profit de tiers, des droits ou des principes qui donnent naissance à des intérêts pécuniaires, dont l'exercice mal interprété et trop étendu, viendrait troubler les droits que d'autres tierces personnes auraient acquis avant cette dérogation ; et comme les lois sur lesquelles ces droits acquis pendant la révolution, reposent, sont des lois d'exception, on a pensé que pour qu'il soit bien entendu que la non-rétroactivité est maintenue, il faut qu'elle soit rappelée chaque fois qu'un

disposition nouvelle vient changer des principes admis par les lois de nos temps de discordes; qu'autrement, le principe général ferait disparaître l'exception ; et la loi projetée pose un principe général, *celui du droit d'indemnité*.

C'est ainsi que l'ordonnance du Roi, du 21 août 1814, qui abolit les listes d'émigrés, et rend les droits civils et politiques aux Français qui y étaient inscrits, a dit : *Sous réserve expresse des droits acquis à des tiers, et sans y préjudicier*. Cette réserve était utile ; l'ordonnance était postérieure à la Charte, et pouvait paraître à quelques-uns une dérogation aux principes de non-rétroactivité qu'elle a posés.

On a agi de même dans la loi du 5 décembre 1814, relative aux biens non vendus remis aux émigrés; le principe général de restitution aurait pu faire supposer le droit d'attaquer les ventes, les partages, les transactions faites, les jugemens obtenus à leur détriment ou en leur nom par l'Etat, ou avec son concours, lorsque ces opérations leur auraient semblé irrégulières ou erronées ; le droit qu'on leur rendait faisait naître pour eux ce nouvel intérêt, puisque sans lui, l'intérêt n'aurait pas existé ; mais l'art. 1ᵉʳ. de cette loi porte : « Sont maintenus et sortiront leur plein et entier » effet, soit envers l'Etat, soit envers les tiers, tous jugemens et » décisions rendus, tous actes passés, tous droits acquis avant la » publication de la Charte constitutionnelle, et qui seraient fondés » sur des lois ou des actes du Gouvernement relatifs à l'émigra- » tion. »

Eh bien ! de même aujourd'hui, le principe général d'indemnité, consacré par le projet de loi, établit un droit d'où naissent des intérêts pécuniaires au profit des émigrés, en opposition non seulement avec les créanciers liquidés, comme le démontre la Pétition qui précède, mais encore, dans beaucoup de cas, avec ceux dont les droits reposent sur des partages, échanges, transactions, jugemens et autres actes émanés de la législation sur l'émigration. Je citerai, par exemple, le cas assez fréquent où les droits de l'émigré dans un immeuble indivis avec des parens régnicoles ont été fixés à une quotité moindre que celle qui devait lui revenir, ce qui a été cause que la vente de cette quotité a moins produit que si sa part eût été plus importante, diminution de produit indifférente pour lui jusqu'à présent, mais qui, aujourd'hui, lui est préjudiciable, puisqu'il a d'autant moins à recevoir. La faculté de revenir sur les actes de propriété pour cause de lésion, ou pour vices de formes essentielles, est de droit commun ; elle peut même s'appliquer aux ventes ; elle ne peut être empêchée que par une exception exprimée au moment même et à côté de la disposition législative qui semblerait y donner ouverture.

(II). C'est encore le Droit commun qui permettrait aux indemnisés de revenir contre les erreurs ; ils sont d'ailleurs soutenus par l'art. 9 de la loi du 5 décembre 1814, qui leur restitue les créances sur particuliers ; ils se fonderont sur ce que la nouvelle loi n'apporte aucune restriction à l'exercice de ces droits : la prescription ne pourra leur être opposée lorsqu'elle aura été interrompue par la minorité ; ils prétendront aussi que la force majeure et la violence résultant des lois du Code des émigrés, sont également des cas qui doivent relever de la prescription, conformément au même Droit commun, auquel seul ils sont maintenant soumis, comme tous les Français. (*Voir* le Code civil, aux titres des *Obligations* et des *Prescriptions*.)

(III). Beaucoup de ceux qui avaient souscrit des créances avant la révolution sont décédés ; ils sont représentés par des enfans, petits-enfans ou héritiers collatéraux; l'état de ces successions ouvertes depuis plus ou moins de temps, n'a pas toujours été constaté d'une manière bien régulière, par inventaires, partages, etc. Cet inconvénient provient, ou de ce que les décès ont eu lieu en pays étrangers, ou de la disparution des fortunes, ce qui rendait ces formalités, ou impossibles, ou inutiles ; de plus, il va se trouver dans ces successions beaucoup de tiers intéressés, tels que créanciers, cessionnaires : tant de personnes qui ont ignoré les créances ou leurs causes, qui n'en trouveront plus dans leurs papiers aucunes traces, et qui ont eu si fort à souffrir de la législation de la révolution, seront disposées à douter, ou de la légitimité des créances, ou de l'exactitude des calculs sur lesquels elles ont été liquidées, ou de la validité des titres produits en leur absence ; à se défier enfin d'opérations faites pour leur compte, en leur absence, sans contradicteurs suffisans, car eux seuls auraient pu l'être, puisqu'eux seuls possédaient les pièces d'où pouvaient résulter des paiemens sur les capitaux ou les intérêts ; des extinctions totales ou particlles, à titre de confusion, compensation comptes, partages, procès, litiges, et autres modes admis par les lois pour l'extinction des créances ou la suspension de leur paiement.

Ces motifs de suspicion, de mécontentement, amèneront une disposition toute naturelle à multiplier les procès.

(IV). On peut se faire une idée du nombre des créanciers liquidés, par celui des personnes portées sur les listes volumineuses d'émigrés qu'on évalue à 3oo mille. Il n'est pas un émigré qui n'eût plusieurs créanciers, il en est qui en avaient beaucoup ; il y a eu autant de liquidations que de créanciers ; et si l'on admet, par un calcul moyen, quatre créanciers pour chaque émigré, on aura 1,200,000 liquidations : l'ouverture des successions doit maintenant doubler le nombre des intéressés ; la même cause a pareillement beaucoup augmenté le nombre des appelés à l'indemnité.

(V). 1. Là où il n'y aura pas d'attaques ouvertes, il se fera une guerre sourde, parce que les indemnisés, et surtout leurs agens, leurs cessionnaires, feront des recherches, prendront des informations (ce qui se fait déjà) sur les moyens de revenir contre les liquidations ; les créanciers liquidés ou leurs successeurs en auront connaissance ; la gêne, la défiance s'établiront dans des relations restées jusques-là ou intimes, ou du moins inoffensives ; on parlera mal les uns des autres dans les sociétés, dans les petites villes ; on se méprisera, on se haïra : cette tourmente morale ne serait pas moins funeste que celle qui se produirait au grand jour par les procès.

2. Si on essayait de trancher la question, de s'étourdir en quelque sorte sur les difficultés qu'elle présente, en disant que toutes ces craintes sont chimériques, que le créancier aura toujours en sa faveur la présomption d'exactitude de la liquidation, qu'il n'aura aucunes pièces à produire, que ce sera à l'indemnisé à tout prouver. . . . . . Je répondrai d'abord, que les ressources de la chicane sont si nombreuses, qu'il est bien difficile, dans une matière semblable à celle-ci, d'y mettre obstacle par une simple induction de principe non écrite dans la loi, tandis qu'il coûte si peu de l'y écrire : Je répondrai ensuite plus particulièrement, qu'il sera facile de faire disparaître

la simple présomption, seule garantie des créanciers, et de la mettre en défaut si la liquidation contient une erreur dans les calculs, dans les bases, dans les principes, dans les qualités des ayans-droit; si un titre, une pièce principale ont disparu, si l'indemnisé représente des quittances d'à-comptes, des pièces établissant des compensations, des extinctions, s'il offre de prouver que le créancier en avait connaissance.

3. J'ajouterai que beaucoup de liquidations sont compliquées, volumineuses, et qu'il est à présumer qu'il y a des erreurs plus ou moins importantes dans un grand nombre, parce qu'à l'époque où l'on s'en occupa le plus, ce genre d'opérations s'est assez souvent fait avec quelques légèretés ou quelque complaisance. Il faut enfin se bien persuader que ce principe de présomption en faveur du créancier, n'a ici rien que de captieux, par la facilité que l'indemnisé aura de l'éluder. Ainsi, mes remarques sur l'inconvénient des pièces manquantes, ou sur les autres considérations favorables aux créanciers, subsistent.

Je n'ignore pas que les liquidations ont été ordinairement basées sur des actes authentiques; mais, d'une part, si ceux fournis à la liquidation ont disparu, il n'est pas certain que l'on pût toujours s'en procurer des expéditions; beaucoup de minutes, après trente ans, peuvent être égarées; (c'est pendant ces trente années qu'une portion considérable de notre territoire a été ravagée à plusieurs reprises par le pillage, l'incendie et tous les désordres qu'occasionnent les guerres civiles ou l'invasion de l'Etranger.) En second lieu, une liquidation basée sur un acte authentique était souvent expliquée, motivée par des écritures non authentiques, par des mémoires, des rapports ou autres travaux de l'administration; si on ne trouve plus de traces de ces écrits, et qu'il ne reste que l'acte authentique, l'indemnisé niera

l'existence

l'existence des écrits et mettra le créancier en devoir de fournir des pièces. Il résulte de ces explications, que si l'indemnisé était admis à revenir sur une liquidation réellement et gravement fautive, il n'en est presqu'aucune qu'il ne puisse remettre en question; encore une fois, les liquidations les plus exactes n'y échapperaient pas : je l'ai dit dans la Pétition et le répète, parce que c'est le vrai point de difficulté, le véritable motif de transaction politique.

───────────

(VI.) Si, comme on l'a publié dans divers écrits, la déduction des liquidations s'était faite en masse sur le produit total des ventes, ces difficultés ne se seraient point offertes; les indemnisés et les créanciers liquidés seraient individuellement restés dans la situation respective où ils étaient placés par la législation antérieure, tout examen particulier de chaque liquidation devenait sans objet, tout point de contact entre eux eût été évité; mais ce mode de procéder présentait, auprès de cet avantage, une injustice grave ; il faisait supporter aux émigrés qui n'avaient pas laissé de dettes, celles de leurs compagnons d'infortune.

───────────

(VII.) Plusieurs procès célèbres élevés depuis la restauration, peuvent donner une idée de toute la difficulté que présentent ces matières, et quelquefois de l'impossibilité d'obtenir une solution de la justice; ces procès ne peuvent être plaidés que par les hommes les plus habiles ; ils sont ruineux, et par les frais qu'ils nécessitent, et par les longs délais qu'ils entraînent, et qui suspendent l'usage de la fortune de ceux qui en redoutent l'issue : ils ne peuvent être soutenus que par des gens riches. L'homme qui n'a qu'une aisance, une industrie médiocres, n'oserait et ne pourrait entreprendre de se défendre si chèrement ; c'est précisément cette considération que les gens d'affaires emploieront pour l'effrayer et lui arracher des sacrifices qui ne seront pas dus.

Parmi les procès célèbres dont je veux parler, on peut citer :

1°. Celui intenté sur la question de savoir, si les créanciers d'émigrés non liquidés peuvent réclamer le paiement de leurs créances : jugé pour l'affirmative par la Cour royale de Paris, et dans le sens contraire par celle de Dijon ; pourvoi à la Cour de cassation, qui, depuis dix-huit mois, n'a rien décidé.

Le projet de loi aborde cette question ; il restreint les droits des créanciers ; raison de plus pour donner à ce projet la qualification de transaction, comme je l'ai fait.

2°. Celui intenté par Monseigneur le Duc d'Orléans, à M. Julien, adjudicataire du Théâtre Français.

Il s'est terminé par une transaction : les nombreux Mémoires écrits pour le Prince élèvent une foule de questions de formes, que le législateur était loin de prévoir lors de la loi du 5 décembre 1814, en vertu de laquelle la contestation était engagée. C'est là qu'on objectait de la manière la plus puissante, les irrégularités de plusieurs pièces administratives, l'absence d'autres pièces égarées, l'irrégularité des répertoires, etc., etc.

3°. Ces procès interminables sur les mots *ayans-cause*, placés dans la loi du 5 décembre 1814, qui donnèrent lieu aux questions de droit public les plus graves, et aux distinctions si subtiles et si délicates d'une loi de libéralité ou de grâce et d'une loi de justice.

Il est avoué, dans le discours de présentation de la nouvelle loi, qu'on ne prévit pas alors les difficultés que ces mots offriraient dans leur application, tant il est vrai que c'est surtout à l'application qu'il faut songer, et que l'on ne peut prendre trop de précautions contre les ressources de la chicane, et l'art si varié, si ingénieux des interprétations. De semblables débats tourmentent l'opinion : ce sont surtout les auteurs de pamphlets, qui s'emparent avec adresse des incertitudes que présentent le texte des lois politiques, ils s'en servent comme d'une égide pour inquiéter impunément la société et le Gouvernement.

Les bonnes Lois font les bons Citoyens.

Imprimerie de Madame veuve PORTHMANN,
rue Ste.-Anne, N°. 43, vis-à-vis la rue Villedot.

www.ingramcontent.com/pod-product-compliance
Lightning Source LLC
Chambersburg PA
CBHW061614040426
42450CB00010B/2483